mickael korvin/journal d une cause perdue

mickael korvin/journal d une cause perdue

© 2012, Korvin
Édition : Books on Demand
12/14 rond-point des Champs Elysées
75008 Paris
Imprimé par Books on Demand, Norderstedt, Allemagne
ISBN : 9782810624362
Dépôt légal : Février 2012

mickael korvin/journal d une cause perdue

Mickael Korvin

Franco-américain d'origine hongroise, né à Cuba en 1957 et résidant à Paris.

Du même auteur

Le Boucher du Vaccarès + Le Napo
(Editions Jacqueline Chambon - 1991)

Je, Toro
(Editions Jacqueline Chambon - 1992)

New Age Romance
(Les Belles Lettres - 1993,
Le Serpent à Plumes - 2000)

How to Make a Killing on the Internet (Pegasus Publishers - 2001)

Internetrama
(Mobipocket 2007)

Le jeune
(Bod 2009)

Biorgie
(Bod 2010)

**mickael korvin
journal d une cause
perdue
la fin des accents des
lettres capitales et de
la ponctuation sous
toutes leurs formes**

vendredi 1 aout 2008
17 h 17
Etat d'esprit Inquiet
Style de musique mdtyp$
sauve la france

presque tous les
antiponctuants
connaissent ce desarroi
ce dechirement entre l
envie d etre
grammaticalement corrects
et la necessite de faire
imploser des regles
non pas par provocation
mais par patriotisme oui

patriotisme

c est encore pire depuis que l on a donne une si mauvaise image de non accentuation en la reduisant à une transgression et a une prise de pouvoir arbitraire sur la langue

 or ce n est pas un choix mais une necessite pour la survie de la langue francaise par rapport a l anglais et de l'esperanto omnipresents

oui il est possible d ecrire sans accents sans points ni virgules sans majuscules

c est d ailleurs la seule facon d aider adequatement la francite

mickael korvin/journal d une cause perdue

c est pourtant si evident nom d un chien

Auteur : worldservant

lundi 28 avril 2008
11 h 13
rien lacher jamais

la methode assimil de la non ponctuation non accentuation non capitalisation donne des resultats efficaces

1 etre un humain d instruction et de culture moyenne on peut commencer jeune

2 savoir faire fonctionner et utiliser les mythes sur l origine ou l avenir la puissance et la valorisation

mickael korvin/journal d une cause perdue

3 effacer tous les accents les majuscules et la ponctuation pour distribuer des valorisations symboliques aux decoupages et intonations phrasiques dont on a besoin

4 ne faire aucun compromis meme quand c est inevitable c est a dire quand un mot devient incomprehensible sans accent ou qu une phrase semble n avoir ni queue ni tete sans ponctuation

5 l essentiel est de continuer d occuper l espace de marquer la situation grammaticale en permanence

6 la haute idee de sa

mickael korvin/journal d une cause perdue

mission est fondamentale

Auteur : worldservant

lundi 31 mars 2008
15 h 59
Etat d'esprit Inquiet
Style de musique
mnbgtdsku
la fin venir

le discours critique du
pouvoir puriste trace la
solution a la fois
logique et grammaticale
de ses apories dont l
issue prend en premier
lieu la forme d un garde
fou interne
le franchissement de
cette barriere
linguistique compromet
aux termes la legitimite

du pouvoir des
academiques ministeriels
et autres goncourables
dans cette optique une
phrase se dotera pour se
prevaloir de sa nature
loyale aux traditions d
accents de ponctuation et
de lettres capitales
soumettant tout ecrivain
comme tout lecteur a des
normes abusives

j ai tellement appele au
secours depuis 2 ans et
la societe a ete
tellement sourde que ma
sante s est deterioree
j ai ete effraye il y a
quelques jours en voyant
devant une glace combien
mon visage etait devenu
vieux
je vis isole dans une
maison dangereuse au
risque de n importe

mickael korvin/journal d une cause perdue

quelle expedition
punitive
qui viendra me soutenir
me sauver
surement pas farah
fawcett benie soit son
ame

Auteur : worldservant

vendredi 28 mars 2008
14 h 03 CET
Etat d'esprit Inquiet
Style de musique
frythyjuqasz
bras d horreur

comment sont pensees les
phrases que nous ecrivons
vivre l evolution d'une
phrase liberee des
contraintes accentuesques
pointinihilistes et
majusculodormes c est

assister a la naissance
et au developpement du
paragraphe ideal
car un peu comme le
troisieme bras dit
archibras des habitants
du soleil imagines par
charles fourier au debut
du xixe siecle une
apostrophe pour ne citer
qu elle est une
abominable excroissance
mere de toutes les
tournures monstrueuses
car si fourier considere
cet appendice comme un
plus et le nomme bras d
harmonie c est que c est
un ecrivain du passe
nous on verrait quelqu un
pourvu d un machin pareil
on se dirait tchernobyl
pas plus de troisieme
bras que de robe d avocat
que de charge notoriale
que d accent circonflexe

mickael korvin/journal d une cause perdue

tout cela est affreux
ancien poussiereux
retrograde
la difference accentue
non accentue constatez
vous meme il n'y en a
plus
ce que j ecris sans
accents sans ponctuation
sans majuscules est tout
aussi comprehensible que
la vieille maniere et
tellement plus moderne

Auteur : worldservant

12 h 11 CET
Etat d'esprit Inquiet
Style de musique
zqesrdtfyg
accentolocauste la ponctuation finale

ce titre est un peu

13

provocateur mais il
signifie avant tout que l
anti virgulisme le pro
minusculement ou l auto
accentuation ne
signifient pas forcement
le chaos grammatical pas
du   tout
toute phrase ecrite a
besoin de sa part d
anarchie sa part de reve
c est en introduisant un
certain effort d
anomalies qu une
effervescence peut se
produire
c est precisement par ce
qu il y a pas de rapport
de   accentue a non
accentue de ponctue a non
ponctue de majuscule a
minuscule dans cette
petite portion de
scribouillage que je
preconise et qu il y a
donc non rapport que les

choses deviennent
interessantes
c est que ce non rapport
designe quelque chose d
incontrole par le
systeme en place que
celui ci craint intimide
et reprime allant jusqu a
pretendre que par exemple
la poesie elle meme
reside dans l usage des
accents n importe quoi
non l anarchie
accentatoire capitaluseen
et ponctualistique n est
pas le chaos comme
certains ont toujours
voulu nous le vendre
c est toujours par lignes
de liberation creatrices
que les problemes se
solutionnent
et moi des lignes
creatrices je ne suis pas
pret d arreter d en
produire au grand dam de

mes detracteurs tout puissants

Auteur : worldservant

12 h 08 CET
Etat d'esprit Inquiet
Style de musique onibuvyct
reprise de poids

apres une grande experience sur l entendement du peuple fatigue d une si lourde accentuation capitalisation ponctuation decourage par la surdite de mes pairs j avais cesse d ecrire depuis de longs mois malgre le petit nombre de surfeurs qui lisent mes clameurs universelles

contre les brigandages
des dictateurs de la
grammaire j ai ete
conduit comme par la main
a reprendre l
insurrection blogienne
car partout c'est le
petit nombre deux peles
trois tondus qui ont fait
les revolutions un
pelopidas a thebes un
harmodius et un
aristogiton ou un
thrasybule a athenes
partout beaucoup sont
affranchis par peu

mais qu est il arrive
vous voyez messieurs
mesdames votre
nonchalance a reussi à
le tirer en sens inverse
les quelques avancees
realisees
pour qu une langue soit
libre il suffit qu on ne

la tatoue pas ainsi une
bete de foire

je regarde la veille les
nuages et je predis l
orage du lendemain
je ne crains pas d
avancer nu afin que le
changement de la
linguistique se prepare
pure a sa source
les idees que nos
precepteurs professeurs
academiciens philosophes
en echarpe dans l'enfance
nous avaient fait entrer
dans la tete sur la
signification des accents
et autres points virgules
j ai entrepris de les en
faire sortir de l ecrit
de la pensee et aussi de
les effacer des levres
pour peu que cela soit
possible je ne sais pas
bof

c est vers ce but que je
dirige toutes mes forces
prosternez vous donc
devant le nouvel ordre de
la page noircie et
decernez moi des des
remerciements des epees d
or des medailles et des
statues

Auteur : worldservant

vendredi 14 mars 2008
11 h 01 CET
Etat d'esprit Inquiet
Style de musique qmslqksj
ponctuation attack

pourquoi est on oblige de
separer les tags par des
virgules

mickael korvin/journal d une cause perdue

Auteur : worldservant

mercredi 5 mars 2008
07 h 43 CET
Etat d'esprit Inquiet
Style de musique
tyfgdhnbl
talmudsmalmud

le texte biblique
hebraique ne possede pas
de ponctuation rien ne
vient
perturber le cours
inexorable de la verite
hormis les espaces entre
les
mots comme des gouffres
sans fond une erreure
recurrente est de dire
qu il n y a pas de
voyelles mais cela est
faux voyons totalement
faux
meme si elles ne sont pas
toujours visibles dans

mickael korvin/journal d une cause perdue

les textes ecrits
elles sont constamment la
alors que la ponctuation
elle non alors vous
croyez vous plus sage que
la torah telle est la
question
kipachematefilin

Auteur : worldservant

dimanche 9 septembre 2007
09 h 27
Etat d'esprit En colère
Style de musique jkzxwe
orsenna de merde

chers amis invisibles

apres un long silence
radio je me vois oblige
de refaire surface suite
a une attaque en bonne et
due forme de l
establishment litteraire

le denomme erik orsenna
ecrivain sans le moindre
talent et pourtant a l
academie francaise a
sorti une immonde
dejection qui s appelle
la revolte des accents

ce livre sans interet
aucun hormis celui de
souligner la nullite de
son auteur prone a
theorie passeiste selon
laquelle la beaute de la
langue francaise est liee
a l utilisation des
accents

je cite le dernier
dialogue de cette oeuvre
o combien oubliable

monsieur les accents a
quoi servent ils

ils nous reveillent
jeanne ils vont chercher
en nous ce que nous avons
de plus fort ils
accentuent nos vies

dans le cas ci dessus ils
accentuent surtout la
connerie de cet
academicien de pochette
surprise

une autre citation de ce
navet

qu attendaient donc les
accents
s ils tardaient trop les
phrases allaient fondre

vous m avez compris le
conte soi disant poetique
de ce sale type est
profondement
reactionnaire mais sans
talent donc sans

consequence pour notre lutte

je vous tiendrai informes de la suite des evenements

gardez courage

bientot nous serons compris sans que fonde une seule phrase

on acheve bien les cheveux

le clandestin sans destin

jeiyo

samedi 13 janvier 2007
18 h 18 CET
Etat d'esprit Inquiet
Style de musique mlkjhgfdsq

pourtant reel

je sors du trou de mon
silence pour pousser un
rale de realite

pourtant en dehors des
majuscules et de la
ponctuation il existe
bien en matiere d
accentuation un probleme
specifiquement francais
et plus precisement
suedois en effet si notre
systeme affiche des
resultats globalement
satisfaisants en
temoignent notamment les
nombreuses personnes qui
arrivent a communiquer
entre elles dans notre
langue lorsqu elle est
ecrite c est au prix d
une derive
politicogrammaticale
preoccupante une

complication a bout de souffle a dynamique inflationniste au regard des accents qui se revele incapable d attirer les autres peuples dans notre sphere culturelle slave iberique

jeudi samedi un jour

le moi

solradir doli

Auteur : worldservant

dimanche 1 octobre 2006
00 h 42
Etat d'esprit Inquiet
Style de musique mcjse
en de stress

je souhaite vous prevenir
que si la ponctuation est
un droit et le but ici n
est pas ici de remettre
en cause ce droit que la
decision de l utiliser ne
doit jamais etre une
decision simple a prendre

nombreux sont ceux et
celles qui pensaient
juste terminer une phrase
et retourner a une vie
normale le lendemain mais
ils ont decouvert que la
ponctuation a des
consequences tres
difficiles a mettre entre
guillemets

gardez a l esprit que si
la ponctuation peut vous
aider a souligner telle
ou telle separation
phrasologique elle peut
aussi mettre un point

final a votre liberte en instaurant des frontieres la ou elles n ont pas raison d etre et mettre un terme a la liberte de mouvement des mots que nous defendons de toutes nos forces

le joie le suicide le rire l urine

frederiche niche

Auteur : worldservant

jeudi 28 septembre 2006
19 h 01
Etat d'esprit Inquiet
Style de musique qpanf
ceux du sud

que dire alors de la jota sinon que son elimination pure et simple est une

necessite absolue
argument ne passe pas
chez les
linguoreactionnaires a
madrid a buenos aires et
ailleurs nous sommes
espingos pas malades
protestent les tenants de
l orthographe de
cervantes

une telle decision serait
evidemment appliquable a
l ensemble des pays
hispanophones y compris
le luxembourg

selon l organisation
mondiale de la jota tout
espagnol ou colonise par
un espagnol en bonne
sante ecrit entre 18
virgule six et 24 virgule
huit jotas par heure bien
superieur au rythme des
tremas sur les o des

suedois

critiquee par les professionnels du secteur de la jota saluee par les abuloaccentuistes du monde entier qui y voient un bon exemple pour lutter contre ce fleau cette proposition de loi de la commission europeene de l ombre ne laisse personne indifferent

quant a nous nous applaudissons des trois mains evidemment

crenom de diou

halevy marcias goudou

Auteur : worldservant

jeudi 21 septembre 2006
23 h 18
Etat d'esprit Inquiet
Style de musique kr)mx
ceux du nord

enfin une victoire dans
la lutte contre la
repression du mouvement
aboliaccenteen

les accents regionaux ont
fait scission avec les
accents circonflexe et s
appellent desormais
martong

cette fois les histoires
rocambolesques style
celle de la cannebiere ou
je tire ou je pointe
pourront vivre en toute
autonomie ouvrant ainsi
la voie a l
aneantissement de leur
homonymes penches vers le

haut ou le bas ou les deux

reste a savoir pourquoi les temoignages farfelus des belges qui se reclament solidaires des precedents ont ete acceptes comme l exception qui confirme la regle
la prochaine echeance est de convaincre ces braves francophones tampons que l accent belge bien que ridicule n est pas aussi ridicule que de dessiner un trait quel qu il soit au dessus d une pauvre lettre innocente qui n a rien demande

le botin mondain n a qu a bien se tenir

a lea jah queuetard est

blanc est le couleur du noir

him

Auteur : worldservant

17 h 24
Etat d'esprit Inquiet
Style de musique mwpqma
pas de relache

car la dictature accentuelle et ponctuelle est bien une occupation qui appelle a la resistance

depuis le temps qu elle dure elle enchaine les phrases de france et du quebec a intervalles irreguliers mais avec une constance remarquable et

sur toutes les pages
ecrites la francophonie
en creve

personne ne peut croire
qu il suffira d un blog
pour mettre a bas un
adversaire dont la
puissance linguistique
historique et economique
excede largement celle de
ses farouches ennemis

non tout ce qu on peut
esperer c est de faire
prendre conscience du
probleme et de pousser le
conglomerat en pointille
du grand capital avec un
accent grave a la faute

boire un petit coup c est
agreable

signe

mon nom habilement code

Auteur : worldservant

mercredi 20 septembre 2006
17 h 26
Etat d'esprit Inquiet
Style de musique nbfds
bave

l importance de ne plus utiliser les points et comparses n etant plus vraiment en discussion nous pouvons passer à l etape suivante qui consiste a voir comment le phenomene affecte certaines constructions de phrases plus specifiques telles ce qu on appelle communement le style telegraphique stop les sms les spams et notamment les e mails a

caractere pornographique
sont aux premieres loges
stop

veuillez agreer l
expression de mes
salutations distinguees
cordialement ueid

#
Commentaire

apoll naire et perec ont
fa t des tas d'exper
ences
sans parler des sureal
stes
sans ponctuat on pour
l'un et en d sposant les
textes
dans la forme de l'objet
dont ça parla t... Et
l'autre
en se donnant des contra
ntes   mbec les du type
ecr

re sans ut l ser la
lettre la plus employee
de la
langue frança se...
Et l y en a d'autres ma
s Alzhe mer me v s tant
frequemment,
j'a oubl e...
excuse mon nculture
camarade...

xtian

et que penses tu de
l'exerc ce de style de
queneau
la meme histoire racontee
de trente quarante ou
cinquante façon
differentes
ça c est too much et
marrant
et en plus j a lu une
vers on ou les typos
etaient
toutes d fferentes

dans l espr t de chaque
style

#2 Commentaire de
worldservant

cher christian
merci pour ce commentaire
que je me suis empresse
de mettre en commentaire
a mon blog

si tu lis les archives du
blog tu verras que j ai
parle des points sur les
i et que j au decide de
faire l impasse
les gens tres talentueux
qui font fi de la
ponctuation des accents
et des capitales dont tu
parles et dont je ne fais
pas partie de toute
evidence a tes yeux peux
tu avoir le gentillesse
de me communiquer leurs

noms
avec reconnaissance et
terre n ailes
mickael korvin
#
#1 Commentaire
Cher Blog de m ckael
je trouve tout a fa t r
golo de ne po nt ut l
ser les
po nts
et la ponctuat on
ma s le probleme c est
que cela a ete fa t depu
s b en
longtemps par des gens
tres talentueux
de plus l y a quand même
des po nts sur les
l conv ent donc de
supprmer la touche   de
ton clav
er
par a lleurs et enf n ça
sera t
la ced lle est elle un s

gne interd t
tres sympa de corr ger
les fautes d orthographe
et surtout ca
ou ça
rendra t ta demarche plus
cred ble

chr st an

Auteur : worldservant

dimanche 17 septembre
2006
22 h 10
Etat d'esprit Inquiet
Style de musique wqsezd
le jour ou

un jour je suis tombe
dans une librairie sur un
livre bourre de
majuscules d accents et
de ponctuation
a partir de ce jour j ai
su que ma vie ne serait

plus jamais la meme

ma personnalite s est
metamorphosee je suis
devenu intransigeant vis
a vis de ces erreurs
grammaticalo
orthographiques mes
opinions sur la facon d
ecrire a radicalement
change
ma vision de la page
imprimee s est modifiee
il ne fallait plus me
parler de lire les tracts
de l ideologie
linguistique dominante
satanique
car j avais du jour au
lendemain banni ces
signes exterieurs
lettresques je ne devais
plus aller a contresens
de l histoire de la
litterature francaise

mickael korvin/journal d une cause perdue

non je ne pretends pas
accomplir une oeuvre
divine mais si je suis
cruxifie et resuscite ca
ne m etonnerait pas plus
que ca

qu est ce qu il y a a
gouter ou vais je que
feuj autant de questions
qui trouveront une
reponse peut etre
pourquoi pas c est pas
impossible moi j y crois

moi au moins je n ecris
pas sous la contrainte

il pleut il pleut bergere

ich

Auteur : worldservant

16 h 36

42

Etat d'esprit Inquiet
Style de musique
abbabbabbabbabba
ca marche

comment arreter d
utiliser les accents la
ponctuation les lettres
capitales
en seulement cinq minutes
d investissement temps

je ne vends pas une
methode miracle juste un
tuyau desinteresse
absolument super essayez
c est gratuit

si vous desirez epater
vos proches et vos amis
je vous demande de lire l
information suivante
soigneusement
ce systeme est base sur
la logique exponentielle
de la non servitude aux

grammaticalismes
decoratifs et on ne peut
plus simple nul besoin d
etre academicien au
contraire

ne soyez pas sceptique au
sujet de cette
opportunite de changer
votre vision de la langue
hexagonale vous pourrez
avoir confirmation aupres
des autres abstinents que
cette methode fonctionne
reellement pensez y
pendant quelques secondes
et comprenez bien son
fonctionnement avant de
la jeter à la poubelle
des milliers de personnes
se sont jointes a notre
quete de purete et
ils ont tous ete
stupefaits par les
resultats en si peu de
temps

tout ce dont vous avez
besoin c est d avoir l
envie de cesser de
deformer vos ecrits avec
des pseudo caracteres
aussi immondes qu
inutiles

svp lisez la suite avant
d essayer par vos propres
moyens ce qui pourrait s
averer dangereux

voila ce que vous devez
faire

etape un

chaque fois que vous avez
l envie irrepressible d
ecrire un accent une
ponctuation ou une lettre
capitale frappez vos
parties genitales aussi
fort que vous pouvez avec

un marteau

si vous n avez pas de
marteau la toute premiere
chose que vous devez
faire est d en acquerir
un

cela prend juste 2
minutes
soyez sur au moment de
frapper de bien viser
autrement vous ne pourrez
pas recevoir correctement
la lecon

c est une loi sur
laquelle personne ne peut
revenir

nous devons d abord nous
donner un grand coup en
plein dans le mille afin
de recevoir l
illumination

oh ca ne marchera pas des
le premier coup de
marteau mais tres vite la
verite antiaccentualiste
fera son chemin depuis
votre entre cuisses jusqu
a votre cerveau

etape deux
 sur le clavier de votre
ordinateur ou machine a
ecrire bloquez les
touches tentatrices que
je ne citerai pas avec
des petits bouts de bande
tricosteril

etape trois

demandez le soutien de
vos amis pourfendeurs de
capitales via ce blog ou
bien en telephonant a des
petites villes de
province mais je melange
tout

vous pouvez questionner
ces personnes pour qu ils
vous donnent leur retour
d experience

etape quatre

apres que vous ayez
redige le premier
paragraphe denue d
accents de majuscules et
de ponctuation de votre
vie quelque chose de tres
mysterieux se produit il
vous
donne comme un sentiment
de certitude une croyance
et une conviction
indescriptibles et
accablantes dans notre
mission

vous venez juste de vous
prouver a vous meme que
parce que vous l avez

fait il doit
bien y en avoir un grand
nombre d autres prets a
faire exactement la
meme chose

ainsi vous aurez
maintenant vu par vous
meme que ce
concept fonctionne bien

alors n hesitez plus et
bonne chance à vous

votre esclave obeissant

geant le petit

Auteur : worldservant

samedi 16 septembre 2006
09 h 01
Etat d'esprit Inquiet
Style de musique $*=&
mars est venus

je ne juge pas ceux et
celles qui ne peuvent s
empecher d utiliser ces
affreux petits
zibouibouis que sont les
accents les lettres
capitales la ponctuation
combien d hommes et de
femmes sont dans une
telle fuite de plus de
nombreux enfants se
comportent de la meme
maniere utilisant les
regles grammaticales de l
establishment soit disant
par respect ne pas
vouloir deroger a ce qui
se fait ils sont nombreux
a vivre dans la peur d
assumer ce penchant somme
toute relativement sain
de crier au monde qu ils
ne desirent plus
accentuer ponctuer
capitaliser s agit il d
egoisme de lachete d un

comportement infantile
qui se dissimule derriere
l usage grammaticale
officielle choisie tel un
enfant qui a peur de dire
a ses parents qu il va
mettre le feu a son lit
de mon cote je ne peux
supporter que la verite
soit ainsi trompee
bafouee humiliee

je n ecris pas pour
susciter la colere mais
tenter de comprendre
pourquoi il n y a pas de
plus en plus de gens qui
comme moi sautent le pas

pourquoi tant d innocents
se laissent bercer par
les frasques du
grammaticalisme primaire
reduisant la langue a un
vulgaire dogme immuable

mickael korvin/journal d une cause perdue

non decidement ca ne peut plus continuer comme ca

je vais aller me faire un cafe

prout oh pardon

yo ego grande

Auteur : worldservant

jeudi 14 septembre 2006
21 h 47
Etat d'esprit Inquiet
Style de musique ghjvcx
abstinons

1 abstinence de toute ponctuation lettre capitale et accent est en grande evolution decouvrons ensemble comment entrer dans cet univers merveilleux avec

un u majuscule sans
quitter le confort de
votre langue actuelle
aucune experience n est
requise oui vous aussi
vous pouvez y arriver
point d exclamation

 notre mouvement a pour
volonte de s organiser
comme un groupe de
reflexion autour de l
amelioration de la non
utilisation de ces
phenomenes
paralinguistiques en
general mais aussi dans
les cas particuliers
novices et aguerris y
sont donc les bienvenus
mais aussi toute personne
desireuse de debarrasser
de ces fleaux la face du
monde francophone ensuite
nous nous attaquerons aux
langues slaves nordiques

puis les autres et ainsi dictionnaire apres bescherelle nous sauverons la civilisation civilisee

Auteur : worldservant

mercredi 13 septembre 2006
18 h 48
Etat d'esprit Inquiet
Style de musique 00000
historik

nous opposants aux points et aux virgules de toutes origines attaches au respect des droits des lettres minuscules et de l abolition des accents quels qu ils soient sommes determines à denoncer sans relache ces anomalies linguistiques

qui perdurent depuis des millenaires
1 homme consomme bien plus de ressources accentuelles ponctuelles et capitales qu il n en a besoin puisqu il n en a pas besoin justement et se comporte exactement comme un parasite pour la langue comme un sale petit champignon de piscine publique

je crache sur ces bassesses et me releve avec le sourire mais sans infection

salalahahahamalecoum

IIIIjeIIII

Auteur : worldservant
le blog de mickael korvin

mercredi 13 septembre 2006
14 h 48
Etat d'esprit Inquiet
Style de musique sjhjhsjh **terribole**

les vertus de l abstention en matiere de ponctuation et de lettres capitales et les recompenses sont reservees aux pratiquants actifs et la securite de notre belle langue toute rose dans ce qu elle a de plus pur affermit notre determination

ce blog est le message des antiaccentues a l humanite toute entiere et reconnait que les regles grammaticales les plus basiques sont falsifies par les humains

certes nous avons donne les anciennes regles non souillees par l ennemi a trois tetes nous avons envoye aupres de vous des entrees de blogs successifs et nous avons donne des preuves de la necessite de renforcer la verite que nous defendons

a vous de nous montrer de quoi vous etes capable

marche ou cours mais va

craco vit en chacun de nous

bien le bonjour

moimoinous

Auteur : worldservant

lundi 21 aout 2006
09 h 49
Etat d'esprit Inquiet
Style de musique 1:2m
rentree

commencer par vous expliquer comment tout a debute

c etait debut avril 1886 je suis sorti en bibliotheque pour boire un picon et j y vais regulierement et la il m'arrive quelque chose je suis choisi donc en arrivant je jete un coup d'oeil dans la salle pour voir si je connaissais quelqu un aucun ami en vue je vais me chercher mon verre de picon et la au rayon des livres sur

le macrame le vois un
bouquin appele le macrame
justement mais ecrit
comme ca sans accent et
sans capitale et c est l
illumination je me suis
beaucoup parle dans ma
tete pendant toute la
soiree et je ne sais pas
pourquoi je me suis parle
tres vite de ce que je
devais faire pour sauver
le monde des accents des
capitales et de la
ponctuation et la voix
dans ma tete m a dit que
c etait le trio de l
enfer il m a dit un
nombre incalculable de
choses ce soir la je l ai
ecoute passionnement j ai
medite et je me suis
reveille 2 jours plus
tard avec la gueule de
bois mon crane rempli de
visions d accents de

ponctuations et de
lettres capitales se
vautrant dans une orgie
sanglante destinee a
pourrir notre belle
langue

apres 3 semaines j ai
decide de me lancer a
corps perdu dans cette
guerre j ai longuement
hesite avant de prendre
cette decision mais je ne
pouvais pas faire
autrement et continuer a
me regarder dans la glace
je devais faire quelque
chose et tres vite

au debut j ai eu beaucoup
de mal j avais peur de m
opposer a des forces si
terribles mais petit a
petit j ai trouve le
courage

mickael korvin/journal d une cause perdue

joignez vous a moi nous ne serons jamais trop nombreux pour venir a bout de ces monstres pointilleux avec de droles d accents je vous attends mes freres et soeurs et cousins

la porte c est par ici

bien a toi tous autant que tu es

memoi

Auteur : worldservant

jeudi 3 aout 2006
10 h 33
Etat d'esprit Inquiet
Style de musique l;jnhyui
vakans

non pas de vacances dans la guerre contre le

hezbollahponctuation et le hamas majuscules au sud accentuation nous continuerons notre offensive jusqu a l aneantissement de l ennemi ponctuaaccentuiste meme si pour cela nous devons faire une croix sur la bronzette a pampelonne car telle est notre determination

un ricard sinon chien

himhe

Auteur : worldservant
dimanche 25 juin 2006
12 h 02
Etat d'esprit Inquiet
Style de musique piluyt
kruzin

plus 2 force c la fin je
62

crois help help les caps
attaquent plus munitions
submerge par la
ponctuation et les
accents g

Auteur : worldservant

lundi 15 mai 2006
19 h 35
Etat d'esprit Inquiet
Style de musique ,,,,nbv
importance capitale

rien de plus bas qu'un
haut de casse les
majuscules je leur fais
un doigt d honneur et
encore je suis poli car
en verite elles sont la
cause de tous nos maux
ces salopes avec leur
soeur la ponctuation et
leurs affreux petits
freres les accents vade
retro accentas ponctuas

haudecas un pieu dans le coeur une balle d argent dans le cerveau c est tout pour aujourdhui mes kikis et kikounes

isuis

Auteur : worldservant

jeudi 11 mai 2006
16 h 31
Etat d'esprit Inquiet
Style de musique qxdrstyhgfds
ahem

aujourdhui nous avons essuye une attaque en regle des forces de la conservation accentuelle et ponctuastique fcap sinistres intiales derriere lesquelles se cachent ce que notre societe compte de plus

obscurantiste passeiste
je les vomis je mets deux
doigts au fond de ma
gorge et je vomis ces
etres sans vision sans
coeur sans cerre nous
avons perdu la bataille
mais pas lager car s il
est vrai comme n a pas
hesite a nous assener l
ennemi que nous
continuons a mettre les
points sur les i nous n
utilisons plus aucun
autre signe exterieur de
marquage bourgeois
degenere des lettres un
point sur un i c est bien
peu de chose peuchere oh
mais ca ne s arretera pas
la nous avons plus d un
arc a nos cordes et soyez
certains les gonzos et
gonzesses que la
prochaine incursion
victorieuse sera de notre

fait gloire et honneur
aux antiaccenteux
deponctues

je vous tu nous ils eux

moil

Auteur : worldservant

vendredi 5 mai 2006
23 h 27
Etat d'esprit Inquiet
Style de musique njbhvg
mucho gusto

bas de casse minuscule
pas d accent jamais pas
de point pas de virgule
jamais jamais o mon dieu
donne moi la force donne
nous la force de leur
tenir tete de faire front
de changer vraiment les
choses une fois pour

toutes pour les generations futures pour la mere de ton voisin de votre voisine je ne cederai pas nous tiendrons jusqu au bout sans le moindre accent aussi peu ponctue qu un vortex les capitales volent en eclats une larme coule une riviere de larmes c est trop dur c est tellement phedre

oum richta kalaoun

ca ne veut rien dire du tout mes pauvres loups et loupes

ich

Auteur : worldservant

vendredi 28 avril 2006

08 h 49
Etat d'esprit Inquiet
Style de musique mlkjhw
hum beurck

a quand la liberation du joug de l accentuation n avons nous pas assez souffert mes aieux

qui achevera la ponctuation cette pute syphyllitique a trois jambes

ils veulent nous avoir a l usure avec leurs magazines les journaux et leurs livres si bien accentues et ponctues

ha ha ha il en faudra davantage pour nous pieger pour nous faire baisser la garde he les gers et les garces

en mai ecris comme il te
plait sans accent sans
ponctuation mais avec une
orthographe irreprochable

c est mon communique
oratoire du jour je t
aime je te clearstream

Ijemoi

Auteur : worldservant

vendredi 21 avril 2006
12 h 25
Etat d'esprit Inquiet
Style de musique jhytg
c est dit

cherie cherry

a quoi ca sert une
cedille je vous le
demande

a rien tout comme un
sucon

dans la langue francaise
la cedille est une
ignoble rougeur sur le
cou

allons nous nous laisser
faire encore longtemps
par ce petit chef

non

ensemble nous demolirons
la marsmellow de
l'infamie que constituent
les accents la
ponctuation les lettres
capitales et tutti quanti

mais qu en est il de
l'orthographe facon sms
me direz vous

mickael korvin/journal d une cause perdue

je vous repondrai qu il
ne faut pas exagerer tout
de meme je ne vais pas
cautionner cette pratique
digne des hommes des
cavernes attardes mentaux

revenons simplement a la
langue pure et
chantoyante de nos
ancetres avant la
presente pollution des
signes obliques qu ils
penchent a droite a
gauche ou des deux cotes

effacons les accents, les
cedilles et les lettres
capitales avant qu elles
nous effacent

je vous embrasse les
pieds mes petits peperes
er memeres

euj

71

Auteur : worldservant

jeudi 20 avril 2006
09 h 42
Etat d'esprit Inquiet
Style de musique mpiksd
eh ben

que vous soyez ou non adherent à la ffmacp ouvrez la paranthese federation francaise mondiale anti accents et ponctuation fermez la parenthese vous êtes encourages à faire connaître copier et diffuser mon message auprès de vos amis ennemis maitresses et gurus

ainsi le ruisseau deviendra egout et l

egout deviendra autre
chose de plus gros

que meurent les accents
et la ponctuation

ave pixar

moije

Auteur : worldservant

le blog de mickael korvin
la fin des accents des
lettres capitales et de
la ponctuation sous
toutes leurs formes

jeudi 20 avril 2006
09 h 23
Etat d'esprit Inquiet
Style de musique ghdf
cauchemar

doudous doudounes

hier soir j ai fait un horrible cauchemar deux points

j etais viole par un accent aigu mais vraiment tres aigu et j avais mal grave

ainsi sont les accents et les ponctuations virgule sournois traitres lubriques et tremas

mais je serai le rideau de fer qui arretera leur sombre dictature

je serai l apotre calypse

plus jamais ca les ptits zigouigouis qui se baladent au sommet de nos voyelles preferees

deja d autres pays
veulent se liberer

des pays ou meme les
consonnes sont occupees
par ces sataniques
bestioles

je pense bien sur aux
pays scandinaves at
autres hongries victimes
du tout accent

ce n est qu un debut
continuons la debacle

les accents no pasaran

la ponctuation tampoco

votre leaderus minima

mickael korvin dit
worldservant

Auteur : worldservant

mercredi 19 avril 2006
14 h 27
Etat d'esprit Inquiet
Style de musique mlkigf
pressions

bes cherbs bamis

aujourbui be suib un beu enrube mais qu importbe la lube boncinub

boujourb beul a blutter contreb toub

je blais acheber une boite de kleebex

je biens d eternuber sur le clabier

c est abreux abreux

mickael korvin/journal d une cause perdue

prenons soib de nous

je

Auteur : worldservant

vendredi 7 avril 2006
08 h 35
Etat d'esprit Inquiet
Style de musique hjuyi
Modifier Supprimer
2eme jour de lutte

freres soeurs chiens oiseaux

depuis hier deja nous sommes entres de plein fouet dans l ere du zero accent zero ponctuation et la difference dans les esprits et les coeurs se fait sentir

en effet zero messages de
77

soutien zero interet pour
ce blog n est ce pas la
le plus bel encouragement
que je pouvais esperer de
vous tous qui suivez de
pres cette revolution et
en comprenez les
subtilites et les
meandres

continuons sur notre
courageuse lancee et
ensemble nous vaincrons

les accents sont des
dictateurs et la
ponctuation est son
larbin sadique

que roulent les r

signe moi

Auteur : worldservant

jeudi 6 avril 2006
17 h 55
Etat d'esprit Inquiet
Style de musique bryhehdb
Modifier Supprimer
la fin des accents

o toi qui me lis joins toi a ma lutte contre les accents aigus circonflexes graves et autres tremas qui sont la cause de tous nos maux a nous autres habitants de la francophonia pays autrefois beni des dieux et aujourdhui etouffe par ces petites hieroglyphes maudites derrick qui es aux cieux gueris nous de ces damnees queues de dahuts impossibles qui sont a elles seules la cause principale de la mort de notre si belle langue non seulement dans

tous les pays du monde
mais egalement sur des
planetes lointaines j
attends votre soutien
freres et soeurs sans
vous rien n'est possible

mort aux accents et a la
ponctuation et aux
lettres capitales aussi
pendant qu on y est tiens

vive quelquechose

signe moi

              fin